大川隆法
Ryuho Okawa

The Rules to Enrich Your Mind

心が豊かになる法則

まえがき

お金に関する本を出すと、よくある俗っぽいハウツー本だと誤解されるかもしれない。

しかし本書で私が語っているのは、あくまでも、人格の形成であり、良き習慣のつくり方であり、生涯を通して生き抜く心の指針である。

幸福とは猫のしっぽのようなもので、その存在を忘れて、まっ直《すぐ》に歩いていくと、黙《だま》って後ろからついてくる。それと同じように、お金も、お金の亡者《もうじゃ》になって追いかけることなく、一日一日の生活習慣を改め、考え方を改める努力をしていると、自然にたまってくるものである。本多静六《ほんだせいろく》博士は、お金など、人生の努力、「努力即幸福《どりょくそくこうふく》」と思って生きた残り滓《かす》みたいなものだ、と述べられているが、私の考えもかわらない。
どのような人格を形成し、継続するかが先なのである。

二〇一八年　三月二十三日

幸福《こうふく》の科学《かがく》グループ創始者兼総裁《そうししゃけんそうさい》　大川隆法《おおかわりゅうほう》

心が豊かになる法則

目次

第1章

お金に困らない人生

二〇一五年十一月七日　説法《せっぽう》
岡山《おかやま》県・幸福の科学 岡山支部精舎《しょうじゃ》にて

第2章

驚異《きょうい》のリバウンド力

二〇一四年三月十五日 説法
東京都・幸福の科学 東京正心館《しょうしんかん》にて

第1章
お金に困らない人生

2015年11月7日　説法《せっぽう》
岡山《おかやま》県・幸福の科学 岡山支部精舎《しょうじゃ》にて

1　実体験を通した裏づけのある話をする

みなが悩《なや》んでいること、ニーズのあることには何でも答える

本章のもとになる法話《ほうわ》を行《おこな》ったとき、事前に提案されていたのは、「福の神の招き方」という題でした。ただ、「福の神をどのあたりまで配れるか」と考えてみると、やはり、「それほど簡単なものではない」と思います。そういうこともあって、「お金に困らない人生」という題に変更《へんこう》した経緯《けいい》があります。

実際、大企業《だいきぎょう》の経営者のような人のニーズよりも、もう少し手前のニーズのほうが多いだろうと思うのです。「億万長者《おくまんちょうじゃ》のなり方」などと言うと、対象者がごく限られてくるでしょうが、「お金に困らない人生」ということであれば、おそらく全員が対象者になるのではないでしょうか。

もちろん、程度の差はあります。本章の内容は、たとえて言えば、「滑走路《かっそうろ》で加速して、それから飛び上がっていくところ」の話になるのですが、当然、そのままガーッと上空に上がって億万長者になる人もいるでしょう。

幸福の科学というのはありがたい宗教で、みなさんが悩《なや》んでいることやニーズがあることについては、いちおう何でも口を出す宗教なのです。

ただ、実生活に即《そく》さないというか、実体験の裏づけのないことを言う気はあまりなく、私自身、今までそれを貫《つらぬ》いてきたつもりです。したがって、本章で述べることは、少し抽象《ちゅうしょう》的な用語に聞こえる面もあるかもしれませんが、すべて「確認済み」といいますか、「実際にそうであった」という話になります。

三十二歳《さい》で書いた『成功の法』の内容は今も変えるところがない

本法話の前に、私は、『成功の法』（幸福の科学出版刊）という本を読み返していました。

この『成功の法』の旧著である『現代成功哲学《てつがく》』

『成功の法』（幸福の科学出版刊）

（土屋書店刊）という本を書いたのは、幸福の科学の初期のころで、私が三十二歳《さい》のときです（一九八八年）。つまり、今から三十年も前に書いたものになります。

その三十二歳で書いた内容は、三十年たって読み返してみても、手を加えるところがどこもありません。それに対しては、周りの人も、「ああ、それはすごいですね」と言っていたのですが、そのとおりなのです。

とは言うものの、私が商社を辞《や》めて出家《しゅっけ》し、幸福の科学を始めたときは、もう一文無《いちもんな》しになるつもりでした。実際、私自身には、その後、一年近く給料はありませんでしたし、「商社時代に多少貯《た》めていた貯金が、一年ちょっとぐらいはもつだろう」と思って出家したのです。

ところが、出家したのが一九八六年で、『現代成功哲学』（前掲《ぜんけい》）を書いたのは一九八八年ごろなので、出家二年後ぐらいですが、そのときに、私の年収はすでに一億円に達していました。「いつ飢《う》え死にするか」と思って仕事を辞めた人が、そのようになっていたのです。

当時は、まだ、幸福の科学も宗教法人格を取得していない時期で、正直に言うと、本がそこまで売れるとは思っていませんでしたが、ニーズのほうはすでにあったわけです。ただ、サラリーマンをしていたために用心深くなっていて、自分が講演をしたり、本を出したりしてやっていけるだけの自信が、まだ十分に立っていなかった面もあったかと思います。

しかし、実際に始まってみると、どちらかというと後手後手《ごてごて》になった感じで、会員が増えてくると、もはや仕事のほうが追いつかない状態になりました。

そのため、とにかく入会者を絞《しぼ》らなければならなくなり、入会のための書類審査《しんさ》で、「不合格」「六カ月待機」「三カ月待機」、そして「合格」という段階に分けて、私自身が審査していたのです。

「最初の三年間は運営に困らないぐらいの規模で抑《おさ》えよう」と思って入会者を絞っていたので、多少、不遇《ふぐう》な目に遭《あ》った方もいるのですが、それだけ絞っても、最初の三年で信者数は一万人を突破《とっぱ》してしまいました。また、一般《いっぱん》の読者数はもっと多かったので、「当時はそうとう厳しめに物事を考えていたんだな」と、自分では思っています。

また、幸福の科学を始める前から、出版社には手紙がたくさん来ていたので、「本当は、教団を創《つく》ってほしいという人がいっぱいいるんだろうな」とは思いましたが、サラリーマンの性で、「会社を辞めたあとはどうしたらよいか」というようなことが心配だったのです。また、退職金についても、当時はまだ若かったために、「給料一カ月分」×「勤務年数」ということで、ずいぶん安く上げられてしまいました。

2 あなたは「正直」で「誠実」な人間か？

転職や浪人《ろうにん》のときでも大切にすべきもの

私自身、退職・独立のときに、一時期、失業保険が半年ほど出る経験や、家賃が毎月毎月出ていく経験など、逼迫《ひっぱく》した状況《じょうきょう》を経験しました。

そのため、今でも、職業替《が》えをした人や、浪人《ろうにん》中の人たちの気持ちも少しは分かります。

あれは怖《こわ》いものです。例えば、毎月、銀行残高が十万円ぐらいずつ減っていくというのは、けっこう怖いものなのです。

しかし、そうしたなかにあっても、「正直さ」は大事です。

例えば、こんなことがありました。一九八六年に『太陽の法』（現在は幸福の科学出版刊）を書いていたころ、住んでいたマンションの大家さんに二カ月分の家賃をまとめて払《はら》ったことがあったのですが、計算を間違《まちが》えて、払った金額が一万円足りなかったのです。

おかしなことに、私は、「大きな金額」は分かるのですが、「小さな金額」を間違う傾向《けいこう》がありました。何億円、何十億円、何百億円といった金額には慣れているのですが、なぜか十数枚のお札《さつ》については、「あれ？　どうだったかな」と、ときどき計算を間違えることがあったのです。

そのときも、家賃を渡《わた》して帰ってきてから、「うん？　二カ月分だと、もしかして一万円足りなかったかな」と気づきました。そこで、「今、間違ったような気がするので」と、大家さんのところへ一万円を持っていったところ、「ああ、そうですか。ありがたい。私も、あとでそうじゃないかとは思ったのですが、その場で確認しないで受け取った自分が悪いので、しかたがないと思っていました」と言っていました。

その大家さんは現在、幸福の科学の信者になっています。こういう正直者同士は、幸福の科学に来るようになっているわけです（笑）。だいたいそういうものです。

自分にとって実損が出そうなことでも、まず、いったん「自分に落ち度があったかもしれない」と考えるような性格の人というのは、この世においては、比較《ひかく》的良好な性格を持った人種と言えるでしょう。

反対に、人を騙《だま》したり、相手がミスをしたら「ちょっと得をした」などと喜んだりするような性格というのは、あまりよい性格ではありません。そういう人は、友達になるにしてもよくないですし、事業をするとしても、こちらがちょっと隙《すき》を見せたら騙してくることもあります。

やはり、スタート点において、「正直」で「誠実」な人間性の人というのは、それが取るに足らないようなことであっても、「信用」があることは確かなのです。「細《こま》かいことでもごまかさない。きちんとする」というところでしょうか。もちろん、ミスをすることもありますが、ミスが分かった段階では、きちんと自分の非を認めるという性格です。

こういう人は、勤《つと》め人《にん》として会社なり役所なりに勤めていても、やはり、少しずつ信用が高まっていきますし、一人社長や、五人あるいは十人ぐらいの従業員を持った社長であっても、事業者として、「お金に関してきちんとしている」という信用があります。

もちろん、お金は一つの象徴《しょうちょう》であり、お金がどうこうというよりも、「人間として、その人が物事を正確に捉《とら》え、正直に対応しているかどうか」というところが大切なのです。

つまり、「釣《つ》り銭《せん》をごまかしたり、高くふっかけたり、いろいろとそういう〝つまらない交渉《こうしょう》〟をするようなタイプの人間なのか。そうではなく、人間としてきちんとしているかどうか」というのは、意外に、その金額が小さいときから大きくなるときまで、ずっとつながっているのです。小さな金額でごまかすような人は、やはり、大きな金額になっても、ごまかす性格がどうしても出てくるのです。

世間《せけん》は「人間としての誠実な行動」を怖《こわ》いぐらい見ている

世間《せけん》では霊能力《れいのうりょく》というものを否定したり、信じなかったりする人も多いのですが、不思議なことに、実際のことを言えば、世間の大多数の人は、パーセンテージが何パーセントか何十パーセントかは分かりませんが〝ある程度の霊能者〟なのです。

人間にはみな、「勘《かん》」というものがあります。人間として生まれた以上、「この人はごまかすような人だ」「この人は正直な人だ」「この人は誠実な人だ」「この人は嘘《うそ》をつかない人だ」「この人は騙す人だ」というようなことは分かるものです。

このように、ある意味では、みな霊能者であると言えます。「人間の基本的な性格を見抜《みぬ》く」という意味においては、唯物論者であっても霊能者なのです。これは怖《こわ》いぐらいです。いろいろなところで分かってくるものであり、なかなか騙せません。

人を騙し騙し、次々といろいろな嘘を言ってやっているうちに、だんだん〝逃亡《とうぼう》型の人生〟になっていくことになるので、やはり、お日様が出ている下を堂々と歩けるようであってほしいと思います。

不景気のときなどには、職を失ったり、収入が減ったりして苦しいときもあります。事業経営者であれば、倒産《とうさん》の波を受けて厳しいときもあるでしょう。ただ、「人間としての誠実さ」を失ってはいけません。

この世では経済原理が働いていて、あの世にはそういうものがあるわけではありませんが、「『人間としての誠実な行動を取る』という原則を守っているかどうか」というところが（世間の人から）見られていると思うのです。

例えば、目の前に財布《さいふ》が置いてあったら、それが自分の財布ではなかったとしても、ほかの人に盗《と》られたりしないように、じっと見ていてくれるぐらいの人のほうが、信用があるのです。

3 他の人からの「信用」を積み上げているか？

幸福の科学の信用の度合い

「信用」ということに関し、一例として、幸福の科学の職員に対する外部からの客観的評価について触れ《ふ》ておきたいと思います。

こういうものは、あまり表立《おもてだ》っては言ってもらえないものですが、外側からの扱《あつか》いとしては、ＮＨＫや朝日新聞、あるいは裁判所といったところに勤めている人の扱いとよく似ています。そういう人たちは、何か不祥事《ふしょうじ》を起こすと騒《さわ》ぎになり、「周りで騒がれることによって、信用に傷がつく」というような感じで、やや厳しめに見られることが多いわけですが、幸福の科学の職員もそのような感じで見られています。

そういうことを外部から明確には言ってもらえないものの、だいたい同じような基準で見られているという感じは、はっきりと分かるものです。その意味では、ある程度、信用があると言えばあるのです。

例えば、当会の支部長や支部を代表する信者の方々に信用がなく、お布施《ふせ》を預けるにしても、どこでどう使われるか分からないということであれば、支部の活動はまったく回りません。実際、さまざまな活動においては、信者の目の届かないところもたくさんあり、「預けたお布施がどう使われているか」というようなことも、非常に気になるところではあるでしょう。

このあたりに、「教団全体として、どの程度の信用があるか」というところが表れてくるのです。

宗教という業種は、一般《いっぱん》社会からは、「うさんくさい」とか「怪《あや》しい」とか、悪い感じで捉《とら》えられるところがあるので、一般の職業よりも多少のハンディはあります。ただ、それでも、幸福の科学の行《おこな》っていることに関しては、「ある程度、誠実さを貫《つらぬ》いているのではないか」という感じを、世間《せけん》の人々は持っているようです。

もちろん、お金が入ってくるのも事実ですが、お金儲《かねもう》け目的でやっているわけではないことぐらいは分かるらしいのです。

幸福の科学は、自分たちが「真実だ」と確信したことについては言いますが、確信がないことは言いません。まだ最終的なところまで納得《なっとく》がいっていないものについては、「これについては、まだ疑問符が付いているけれども、ある程度はそうでないかと思う」という感じの言い方をしています。また、間違《まちが》っているものについては、「間違っていると思う」と、きちんと言っています。

このように、極《きわ》めて科学的な態度を取っており、自分たちに対しても厳しいのです。

「変な宗教」などと言われているようなところは、だいたい、自分たちに対してとても甘《あま》いので、何でもかんでも全部信じさせようとする傾《けい》向《こう》があります。

一方、幸福の科学の場合は、「これは正しい」と思ったことについては、はっきり言いますが、まだそれほど確信を持てないものについては、あまり言わないようにしています。

その意味で、幸福の科学は、先ほど述べた大手のマスコミ、あるいは、国の審査《しんさ》機関、判断機関等に対するのと同じような〝厳しい目〟で、外部から見られているのです。また、内部の基準でも似たようなところがあり、職員などの活動も、やはり〝厳しい目〟でチェックされています。

そのようなところは、当会が始まったときから、自動的に連《つら》なってきているのではないかと思います。

国税局が五年間遡《さかのぼ》っても使途《しと》不明金が出なかった

私自身、お金については、それほど関心があったわけではありませんが、商社に就職して配属された財務本部というところは、お金にかかわる部署でした。

ここはものすごく大きな額のお金が動くところであるため、配属される人については、採用した人のなかで、「お金に対して信用があるかどうか」という判定がなされているわけです。そういうことは、そう簡単に分かるものではないのでしょうが、複数の人を見ていると、人間が出しているオーラのようなものを感じるのだろうと思います。

確かにそのとおりで、私は、何億円を渡《わた》されても、不正なお金などは絶対に使わないタイプの人間なのです。

例えば、以前、当会が国税局からずいぶん調べられたことがありました。

一般の会社には、社長がこっそり使っているような使途《しと》不明金がたくさんあるものです。しかし、当会が調査を受けたときは、過去五年分を遡《さかのぼ》り、使ったお金を整合させて調べてみても、そういうものはありませんでした。五年分遡っても、百万円以上の誤差は絶対に出てこないのです。

たとえて言えば、たまに、会議費らしきものに喫茶《きっさ》店の代金が紛《まぎ》れ込《こ》んでいるぐらいはあったのかもしれません。こういうものが「公《こう》」か

「私《し》」かの判断は別途あるにせよ、基本的に使途不明金はほとんどなかったのです。これを見た専門家は、「どのような企業《きぎょう》でも、そんなことはありえない」「これだけ大きな財務規模を持っているところで、五年間遡っても使途不明金がないというのは、ちょっと考えられない」という感じのことを言っていました。

このように、幸福の科学は、そのあたりについては、とてもしっかりしているところなのです。

絶対に大きくならない会社の特徴《とくちょう》

みなさんのなかには、自分で事業を起こそうと考えている人もいるでしょうが、その前の段階では、どこかでお勤めをしていることが多いはずです。そこでも、誠実さを守るとともに、その具体的な行為《こうい》として、「金銭面に関しては、この人に任せても大丈夫《だいじょうぶ》」という感じを持たれることが、少なくともナンバーツーの条件ではあるのです。

会社の社長なり店長なりが、「自分のいないときに信用できる人は誰《だれ》か」と考えたときに、「金銭面については、この人に任せておけば、ごまかしたり持ち逃《に》げしたりしない」と思われるのは、やはり、非常に大事なことです。

中小企業等では、会社のお金を持ち逃げされて倒産《とうさん》するというのはよくあることでしょう。番頭さんクラスの人が、お金を持って逃げてしまうわけです。

ただ、そこは、会社が大会社になるかならないかの決め手でもあります。社長自身が通帳と印鑑《いんかん》の管理をしていなければいけないようなら、その会社は大会社にならないのです。これは、もう、はっきりしています。経営者が、「自分で全部持っていないと安心できない」といつも思っているようでは、絶対に中小企業より大きくはならないのです。

このお金のところを他人《たにん》に預けられないかぎり、大会社にはなれません。お金を預けても大丈夫であるような人材を採用できない、あるいは、教育できていない会社は絶対に大きくならず、大会社にはならないのです。そのため、それだけのモラルのある人を集め、信用できるようでなければいけないわけです。

私は、教団初期の段階から、自分では教団の通帳も印鑑も何も持っていない状態で、他人に任せていました。

初期のころから、ある程度の会社の部長クラスの方々が教団の幹部となっており、必ずしも仕事ができたわけではないものの、信用はできる方々でした。それぞれの前職と同じ仕事しかできなかったため、宗教の仕事が特にできたわけではありませんが、信用に足る方が多く、お金などをごまかしたり、持って逃げたりするようなことはまったくありませんでした。その意味では恵《めぐ》まれていたと思います。

このように、「他人《ひと》の信用を得る」というのは非常に大事なことなのです。

例えば、会社のなかでの信用を得たり、あるいは、事業家として投資家やお客様等からの信用を得たりするなど、信用を得るというのはとても大事です。

「信用」というのは、手に入れようとしても手に入れられるものではありません。これは自然自然に出来上がってくるものであり、「積み上げ」なのです。長く積み上げることでできてくるものであり、手に入れようとして手に入れられるものではないのです。

しかし、この得られた〝信用の代金〟というのは、けっこう高いものなのです。本当に、その信用一つで、かなり大きなものがあります。

4　成功する「主義・主張」「考え方」を持っているか？

左翼《さよく》的な考え方をする人が成功しにくい理由

「他人《ひと》からの信用」のさらに奥《おく》には、やはり「人間性の問題」があるでしょう。その人の基本的な主義・主張、考え方といったものが非常に大きいのです。

要するに、「個人として、破滅《はめつ》型の人生になりやすい人か」、あるいは、「会社として、倒産傾向《とうさんけいこう》がある会社になっていきやすいかどうか」というのは、その人間性、基本的な考え方を見ていけば分かります。

人間の考え方を分けるときに、「右翼《うよく》」と「左翼」、あるいは「保守」と「革新」などと言うこともありますが、それほど単純に分かれるわけではないとは思います。

ただ、被害《ひがい》意識の強い人や、「自分ではなくてほかの人が悪い」「周りの環境《かんきょう》が悪い」というような言い方をするタイプの人の場合は、いわゆる「左」のほうに寄っていくことが多いのです。性格的に、左へ左へと寄っていきます。そして、不平不満をたくさん言うのです。「経営者が悪い」とか「政治家が悪い」などと、「ほかが悪い」ということを言いながら、自分のほうは「○○が欲《ほ》しい」と言ってきます。

こういう人は、だいたい、左に寄っていくタイプの人であり、会社では、中枢部《ちゅうすう》のエリートコースに入っていくような流れには、若干《じゃっかん》、乗りにくいのです。また、自分で会社を起こす場合、景気がよいときにはもってても、景気が厳しくなってきたり逆風になってきたりしたときに、周りのせいにする傾向があり、立ち直れない場合が多いのです。

一方、保守系統のものの考え方をする人は、何かミスがあったり、失敗があったり、損が出たりと、いろいろなことがあったとしても、他人を責める前に、まず、自分として落ち度はなかったかどうか、考え方にミスがなかったかどうかを考えます。

最初に、自分に何か落ち度はなかったかどうかを考え、自分に落ち度はなかったとしても、「もう一段、それについて用心し、事前に『そういう可能性もある』ということを考えていれば、もしかしたら、避《さ》けられたかもしれない」というようなことまで考えるわけです。

さらには、自分以外の従業員、ほかの社員たちの生活に関しても責任を感じています。こういうものが、保守的な人間の考え方なのです。

自分の仕事や事業などで成功の軌道《きどう》に乗っていく人の考え方は、たとえ、もともとは、反対することを中心とする左翼型の思想であったとしても、どこかで保守的な考え方の思想へと、必ず変わっていっているのです。

もし、自分自身がそのように変わってきているのであれば、今、あなたは、他人の信用を得て、仕事がうまくいき始めているのだろうと思います。おそらくそうでしょう。

心のなかの「考え」「思い」が実現化してくる

今、「自分の考え方と仕事の成功の関係」について述べましたが、これは気をつけないといけないことです。自分のなかで考えていること、その「思い」が、現実のものとして実現化してくるわけです。

ただ、私も、生まれつきそのようなことを思っていたわけではまったくなく、高校時代までは、どちらかというと、心情的には、多少、左のほうに寄る傾向が強かったのです。

本法話《ほうわ》を行《おこな》った会場に向かう途中、防衛省の「自衛官募集《ぼしゅう》」という垂れ幕がかかっているのを見て思い出したことがありました。それは、京都大学の哲学科《てつがく》に行っていた四つ上の兄との会話です。

京都大学は左寄りの人が多く、左翼の牙城《がじょう》のようなところです。しかし、私が十八歳《さい》のころ、夏休みに兄と会ったとき、その兄でも、「そうは言っても、やっぱり自衛隊というのは必要だと思う」と言っていたので驚《おどろ》きました。私は、「〝左翼の牙城〟にいる人が、なんということを言うんだ」と思い、「自衛隊なんて要《い》らないんじゃないかな。憲法から見たら、そんなものは要らないと思う」と反論したのです。

ところが、その後、私もコロッと考えが変わってしまいました。

それは、例えば、お金が貯《た》まってきたら戸締《とじ》まりをしたくなるのと似たようなものでしょうか。お金がなければ、戸締まりなどをせずに開けっ放しでも構わないのかもしれませんが、お金ができてくると、きちんと戸締まりをしたり、金庫の鍵《かぎ》をかけたりしたくなるのと同じ問題なのです。

日本が豊かになってくれば、やはり、ある程度、日本の国を護《まも》らなければいけないというのは当たり前のことです。そうしないと、日本でのビジネス等も護られませんし、金融市場《きんゆうしじょう》なども安定しませんので、必ず問題が出てくるのです。

5 「成功のサイクル」に入る三つのステップ

ステップ①――事業に成功するメンタリティーを持つ

そのように、私自身も、十八歳《さい》ぐらいまでは、「自衛隊のようなものは要《い》らない」と思ったり、事業の成功・失敗等についても、「政府が悪いか、あるいは景気が悪ければ失敗して、それらがよければよくなるんだ」というように思ったりしていたところがあります。

ところが、その後、さまざまな人を観察するにつけ、「どうも、事業で失敗した人は、それを合理的に説明するために、自分以外のところに責任を持っていく傾向《けいこう》が強い」ということが分かってきたのです。

そのように、自分以外のところに責任を持っていくタイプの人は、基本的に、自分の仕事がよくなることを目指していないように見えました。

こうしたことは、人間の「考え方の筋《すじ》」なのです。

これは気をつけなければいけないところで、失敗をいくら上手に説明したところで、それが成功に変わることはありません。

そうではなく、失敗したときに、その失敗の要素が自分のなかにあるのなら、それを見つけて、そういう失敗を起こさないようにするために努力して、工夫《くふう》をしたり、創造性を発揮したりしなければいけないのです。

もし、景気が悪いためにそうなったのであれば、景気の動向を事前に読めなかったり、あるいは、経済の勉強を怠《おこた》っていたりした自分自身の責任を、もう少し考えたほうがよいと思います。

また、他人《ひと》を信用して失敗した場合は、自分自身の「人を見る目」が正確なのかどうかということを、やはり、もう一回、よく振《ふ》り返る必要があります。

事業等で失敗した人を見ると、信じるべきでない人を信じたりしていきます。相手の言うことをパッと信じてしまい、その話に乗って、倒産《とうさん》してしまうようなケースがとても多いのです。

しかし、日ごろから、そういう「自己反省」がきちんとできていて、鏡のように人を照らしているタイプの人であれば、騙《だま》そうとして寄ってきている人のことをすぐに見抜《みぬ》けますし、むしろ、信頼《しんらい》できるような人が近くに寄ってくるようになります。〝うまい話〟に引っ掛《か》からないような傾向が出てきます。自分を護《まも》ってくれるような「結界《けっかい》」が、自然と周りにできてくるのです。

これは、非常に難しく聞こえるかもしれませんが、結局、人間というものは、「自分に似た者」が寄ってくるようになっており、正反対の性質を持っている者同士が、長く一緒《いっしょ》に仕事をしたり、活動をしたりすることはできないのです。

もし、「騙された」などと言うのであれば、あなたの考え方のなかにも、そういう面があったのではないかということを知らなければいけません。それを考えてください。

私自身、家庭環境《かんきょう》上の問題として、私が生まれたころに父親の会社が倒産し、その借金返済が二十年以上続いていたため、生活としてはけっこう厳しい面がありました。その話をずっと聞いて育っていたので、私もそのように思っていたのです。

しかし、後年、「事業の成功・失敗には、やはり考え方の問題があるのだな」ということは分かりました。

このように、まず、「メンタリティー」「精神的な態度」の問題があります。

ステップ②――「専門知識」を持ち、「強み」を発見して蓄積《ちくせき》する

もう一つは、その仕事をするための基礎《きそ》となる「専門知識」の仕入れです。

私も、「メンタリティー」と「専門知識」の両方が必要であることが分かってきたわけですが、やはり、これらに関する努力は大事です。

言葉を換《か》えて言えば、会社勤《づと》めをして成功するにしても、事業を新たに立ち上げて成功するにしても、そのなかに、みなさん自身の「強み」に当たるものがなければ駄目《だめ》だということです。

何か強みがないと、世に立っていくことはできません。人の上に立っ

たり、人を導いたり、あるいは、他の人々に幸福感を広げたりするような仕事をしていくためには、やはり、強みがなければ駄目なのです。

そして、その強みの部分は、自分の内にあるものを自《みずか》ら発見しなければいけません。

性格的なものとしては、例えば、「忍耐《にんたい》強い」「粘《ねば》り強い」「嘘《うそ》をつかない」、あるいは、「借金はきちんと返す」など、何でもよいのですが、自分自身のなかにある「美徳」なるものは、しっかりと発見すべきですし、育てるべきです。

また、それ以外にも、仕事をするに当たって専門知識として必要なもの、他人よりも強いものを何か持っていなければ、会社のなかで出世することも、独立して事業を起こして成功することも難しいでしょう。あるいはまた、私が『エイジレス成功法』（幸福の科学出版刊）等で述べているように、「通常の定年退職後にまだ働き、収入を得て、ピンピンとかくしゃくとして生きる」といったことは、かなり難しいことだろうと思うのです。

やはり、この強みのところは、自分なりに蓄積《ちくせき》していかなければいけません。

ステップ③——生活や仕事の成功パターンを「習慣化」する

そうした「強み」をつくると同時に、一定の「成功のパターン」、自分なりの「成功の軌道《きどう》」に乗ってき始めたら、最後は、それを「習慣化」していく力が大事になります。私がよく述べているように、「どのように習慣化していけば、その成功のサイクルが続いていくのか」といった習慣のつくり方、上手な成功習慣をつくっていくことが大事なのです。

それは、細《こま》かいところから始まります。「細かいところ」とはすなわち、「生活のパターン」から始まるということです。

もちろん、仕事の種類によってもいろいろあるでしょうから、一概《いちがい》には言えません。「日中の仕事」や「朝の仕事」、「夜の仕事」、それから、「長時間の仕事」、「先に集中してやれば、あとは休んでいてもよい仕事」など、さまざまなパターンがあるでしょう。

ただ、いずれにしても、一般《いっぱん》的には、「その仕事に合った生活習慣を自分でつくれないような意志の弱い人であれば、やはり、『お金に困らない人生』というのは、少々難しくなりますよ」ということは、一言《ひとこと》、釘《くぎ》を刺《さ》しておきたいと思います。

6　人生三万日の手持ち時間をどう使っているか？

「時間の大切さ」を知る人は出世し、収入もあがる

先ほど、京大生だった私の兄の話をしましたが、同じころに、もう一つ、こんなことがありました。

夏休みに京大生が四人集まったとき、兄が「うちの弟は超能力《ちょうのうりょく》を持っているんだ」という話をしたらしいのです。何の超能力かと思ったら、「朝、目覚まし時計をかけずに起きられる」ということを〝超能力〟と

言っていたわけです（笑）。笑い話のようではありますけれども、一種の超能力かもしれません。

彼らは、「普通《ふつう》は、目覚まし時計をかけていても起きられないし、何個もかけていても、いつの間にか誰《だれ》かが全部止めたようになっている」と言っていて、兄が、「うちの弟は、何時に寝《ね》ても、朝の六時半ちょうどになったら、目覚ましもかけていないのに起きるんだ」と言うと、京大生四人はみな、「信じられん。それは信じられない」と言っていたそうです。

彼らは、授業をサボってでも寝ているか、授業がない日は昼の十二時ごろになってようやく起き上がってくるような人たちなので、それだけは信じられなかったようです。

でも、これは事実なのです。私は、夜の十一時に寝ても、十二時に寝ても、夜中の二時半に寝ても、いつも朝の六時半にはピシッと起きており、目覚ましはかけていなかったのです。これはもう体内時計のようなもので、パシッと自動的に起きるのです。

これがどういうことなのかは私もよく分かりませんし、〝お腹《なか》のなかに時計が入っている〟のかどうかは知りません。ただ、六時半なら六時半、六時十五分なら六時十五分と、寝る前に、「この時間に起きよう」と思った時間どおりに、ピシッと起きていたのです。

そのようなことは、意外に、後々《あとあと》までつながってくるところがありました。

人にもよるのかもしれませんが、学生時代に、いつも昼ごろまで寝ていて、それから遊びに出て、夜はテレビでプロ野球のナイター中継《ちゅうけい》などを観《み》てゴロゴロしているような人で、出世する人はほとんどいません。あるいは、麻雀《マージャン》ばかりしていたような人で、出世する人もほとんどいません。

一方、学生時代にも、朝からキチッと自分のスケジュールどおりにできる人や、サラリーマンでも、自分なりにキチッとスケジュールを立てて「時間管理」ができる人、要するに、「時間コスト」というか、「時間の大切さ」をよく知っている人は、やはり出世しやすいですし、収入もあげやすいわけです。

一分、十五分、一時間、一日の使い方《かた》で人生が変わる

結局、人生といっても、「時間の連続」なのです。「一日二十四時間を何日積み上げるか」ということです。

二〇一五年九月に私の長女・大川咲也加《さやか》が大川直樹《なおき》と結婚《けっこん》しました。そのとき、二人の写真を入れた感謝状のようなものを私にくれたのです。

そこに、「結婚までにパパと一緒《いっしょ》に過ごした時間は、八千九百九十八日でした」という数字が書いてあったので、「ほう！」と思いました。

娘《むすめ》がどのように計算したのかは知りませんが、それだけの日数だったの

でしょう。

一生というのは、だいたい三万日生きればよいほうでしょうか。娘はそのうちの二十四歳《さい》までの八千九百九十八日を、私と一緒にいたことになります。

この三万日ぐらいの手持ちの時間をどう使うかで、結局、人生の成功・失敗が決まるのです。

人生は一日一日を大切に使うことの積み重ねであり、その一日は、一時間、あるいは、十五分、一分の積み重ねです。その意味では、「『毎日毎日をどのように組み立てていくか』という、その使い方で人生は変わるのだ」と、正直に思ったほうがよいでしょう。

私も繰《く》り返し述べていることですが、やはり、「今日一日で何ができたか」「今日一日で悔《く》いがなかったか」「一歩でも進んだかどうか」「調子が悪い日であっても、何か少しでも進んだか」ということを、私自身、いつも自分に問うようにしています。

そして、「今日は、全体的には出来は悪かったかもしれないけれども、これについては一歩進んだな」というものがあれば、やはり、ホッとすることがあります。それが二十四時間のうちのわずか一時間、三十分ぐらいのことであったとしても、「昨日《きのう》までにできなかった何か」が今日できれば、一歩前進ということです。

このように、人生は一日一日の積み重ねなので、そういう人生観を持って生きていけば、自動的に、自分で自分を出世させているのと同じだと思います。

7 ほかの人にとって「必要な人」になっているか？

お金が〝猫《ねこ》のしっぽ〟のようにあとからついてくる人とは

結局、お金はあとからついてくるのです。「お金を儲《もう》けよう」などと思う必要はまったくなく、お金というのは、熱心かつ誠実に、世のため人のためになる仕事をしようと思って、実際にそれをやってのけた人には、必ずついてきます。あとからついてくるのです。

たとえて言えば、〝猫《ねこ》のしっぽ〟のようなもので、まっすぐ歩いていたら後ろからついてくるものなのです。これはわが家の「心の指針」カレンダーにも書いてある言葉ですけれども、そのとおりだと思います。猫が自分のしっぽをくわえようとして追いかけても、グルグル回るばかりで、しっぽは逃《に》げてしまい、追いつけません。ところが、まっすぐ歩いていれば、後ろからしっぽはついてくるのです。

それと同様に、お金を求めようとする必要などないのです。誠実で熱心に、そして、自分自身をつくり上げていくことを天命と感じて、「他の人のために尽《つ》くそう。世間《せけん》のために尽くそう」と思ってやっていれば、本当に、お金などあとからいくらでもついてくるのです。その人の器《うつわ》相応についてきます。

それが、個人としての成功で足りなければ、より大きな事業での成功

●「心の指針」…… 大川隆法著『心の指針 第七集 幸福のしっぽ』（宗教法人幸福の科学刊）参照。本書70～73ページにも掲載。

といったかたちで現れてくるようになるのです。

結局、その器の大きさは、「世間に対する責任をどれだけ取れるか」、「その責任の重さにどれだけ耐《た》えられるか」ということになってくるわけです。

ですから、まずは、自分づくりをしっかりとしてください。また、ときどき、その自分づくりが、「エゴイストにならずに、ほかの人のためにしているかどうか」という確認をしてください。そして、一日一日を大事にしていってください。

そのようにすれば、本章のテーマである「お金に困らない人生」というのは、考えなくても自然にそうなっています。あとからついてくるため、もはや、お金など、まったく心配にならないのです。

「ほかの人にとって必要な人」になれば、老後の心配はない

「老後、もし病気になったら、病院の費用がこれだけかかる。どうしようか、どうしようか」などということは、考えるだけ無駄《むだ》です。そんなことは考えずに、一日一日プラスの人生を積み重ねていくことを考えていれば、ほかの人からも感謝されますし、家族からも見放されることはありません。

〝意地悪《いじわる》じいさん〟や〝意地悪ばあさん〟になるから捨てられるのであって、いい人であれば、そんなことにはならないのです。感謝されていれば、子供の出来もよくなっていきますし、子供の出来がよくなれば、

老後のお金で心配することなどないのです。

やはり、〝意地悪じいさん〟や〝意地悪ばあさん〟になるから、子供も「川に沈《しず》めてやろうか」というような気になってくるわけです。したがって、そうならないように、日ごろから世の中の役に立つような自分となるよう、鍛《きた》えておくことが大事であり、取り越《こ》し苦労をする必要はありません。

「よい方向で、前向きに、明るく生きていくこと」が成功の秘訣《ひけつ》だと、私は信じてやみません。

本章では精神的な態度を中心に述べてきましたが、これは、みなさんすべてに言えることなのです。

ここから大富豪《だいふごう》になるまでには、もう少々道のりがありますけれども、私が述べているような生き方をしていれば、少なくとも、お金に困って〝野垂《のた》れ死に〟するようなことは絶対にありえません。他人《ひと》が放っておかないので、そういうことは絶対にないのです。

やはり、この世には「助けなければいけない人」というのは、絶対に存在するのです。それは、「ほかの人々にとって必要な人」です。ほかの人々にとって必要な人のことは、みな必ず助けてくれるのです。

もし助けてくれないのであれば、「必要がない」というようになっているからであり、それは、「若干《じゃっかん》、自分の徳が足りない」ということなのです。そこは、やはり「徳」をつくらなければならないでしょう。

CHECKPOINT

第1章「お金に困らない人生」

- [ ] 職を失ったり、収入が減ったりして苦しいときも、人間としての「誠実さ」や「正直さ」を失ってはいけない。

- [ ] 「ほかの人が悪い」「周りの環境《かんきょう》が悪い」という言い方をする人は、成功の軌道《きどう》に乗りにくい。

- [ ] 「専門知識」や「強み」を蓄積《ちくせき》していくとともに、自分の仕事に合った「生活習慣」をつくっていく。

- [ ] スケジュールを立てて「時間管理」ができる人、「時間の大切さ」をよく知っている人は出世しやすい。

- [ ] 熱心かつ誠実に、「世のため人のためになる仕事」をやってのけた人には、お金はあとからついてくる。

幸福《こうふく》のしっぽ

子猫《こねこ》がくるくると自分《じぶん》のしっぽを追《お》いかけている。
みかねた年《とし》とった猫《ねこ》が、
「坊《ぼう》や、どうしたの。」とたずねた。
子猫《こねこ》は答《こた》えた。
「猫《ねこ》にとって一番大事《いちばんだいじ》なのは幸《しあわ》せで、
その幸《しあわ》せは、僕《ぼく》のしっぽだと気《き》づいたんだ。
だから、しっぽをつかまえたいんだ。
そうしたら僕《ぼく》はきっと幸《しあわ》せになれるから。」

大《おお》きな猫《ねこ》は言《い》った。

「私《わたし》も若《わか》い頃《ころ》は同《おな》じことを考《かんが》えたわ。

でも悟《さと》ったの。

しっぽは追《お》いかけると決《き》まって逃《に》げていく。

でも、自分《じぶん》のやるべきことをやっていると、

しっぽは、私《わたし》がどこへ行《い》っても、

必《かなら》ずついてくるものなんだよ。」

このたとえ話《ばなし》の意味《いみ》がわかるだろうか。
幸福《こうふく》とは、自分《じぶん》の外部《がいぶ》にあるもの、
他人《ひと》がくれるものだと考《かんが》えていると、
いくら追《お》いかけても手《て》に入《はい》らないものだ。
しかし、
自分《じぶん》の価値《かち》を自分《じぶん》の内部《ないぶ》に発見《はっけん》する人《ひと》は、
いつも幸福《こうふく》でいられるということだ。

奪《うば》うのではなく、すでに与《あた》えられていることを喜《よろこ》べ。
あなたの感情《かんじょう》の選択《せんたく》が、
あなた自身《じしん》を幸福《こうふく》にするのだ。

第2章

驚《きょう》異《い》のリバウンド力

2014年3月15日　説法《せっぽう》

東京都・幸福の科学 東京正心館《しょうしんかん》にて

1 「最初の一撃《いちげき》」を受けるときと、その後の対応

私の特徴《とくちょう》は「リバウンド力の強さ」にある

本章は「驚異《きょうい》のリバウンド力」という不思議な題名が付いていますが、これは、以前の法話《ほうわ》のなかで、「私の特徴《とくちょう》は、リバウンドする力の強さにあるのです」と述べたところから来ています。

ただ、「リバウンド力」だけならまだしも、さらに「驚異の」という言葉が付けられており、私がこれを言うと、何となく、「〝殺人的スケジ

●以前の法話　2014年2月11日「異次元発想法」質疑応答。

ユール〟に耐《た》えうる男に変わる法」という感じに聞こえなくもありません（笑）。

もちろん、すでに『忍耐《にんたい》の法』（幸福の科学出版刊）も説いてはいますが、忍耐ばかりしてはいられないところもあるでしょう。それよりも、春の陽気につられるような感じでリバウンドしたい人もいるでしょうから、本章では、そのあたりのところも踏《ふ》まえて述べていこうと考えています。

例えば小保方晴子《おぼかたはるこ》氏――「最初の一撃《いちげき》」への心の準備は？

「世の中のさまざまな事象に対し、自分はどのように感じるか」ということは、個人個人の感性に委《ゆだ》ねられているものがかなり多く、客観的なる事実を求めようとしても、そう簡単に求められるものではありません。「成功力」というものの中身を分析《ぶんせき》するにしても、そのなかに、この「リバウンドの力」を強調したものは、それほどないように思います。しかし、実際には、これは極《きわ》めて大切な力の一つなのです。

例えば、数年前、生物学者の小保方晴子《おぼかたはるこ》さんについて、新聞等で、「三十歳《さい》の女性がSTAP《スタップ》細胞《さいぼう》を新たに発見した」などと騒《さわ》いでいたかと思ったら、一転して、非難するほうの論調で、「論文撤回《てっかい》」などの文字が一面に躍《おど》りました。

そのほんの少し前には、「割烹着《かっぽうぎ》を着たリケジョ（理系女子）が活躍《かつやく》している」などと、これからリケジョが増えそうな感じの持ち上げ記事が出たと思ったら、しばらくすると、「論文にミスが見つかった」「何か盗用《とうよう》があるのではないか」と叩《たた》く動きが始まったわけです。

こうしたことは私もずいぶんと経験していますが、この〝ファーストアタック〟というか、最初の攻撃《こうげき》を受けるときには計算できないことが多いのです。これは、一回持ち上げられて次に落とされる、「ヨイショ落とし」というマスコミの得意とする技《わざ》なのですが、初めてこれを受けるときには、心の準備がないので分からないのです。

つまり、さんざん持ち上げておいて、そのあとストーンと落として叩くスタイルであり、これによって、マスコミは両方の記事を書いたり放送したりできるわけです。

要するに、「上げるだけ上げて、下げるだけ下げる」ということをされるのですが、それで消えてしまう人も数多くいます。有名になる前にこれに対する対応策を立てている人は、まずいないのです。

成功を「続ける」には、「対応する技術」が要《い》る

一方、すでに何度か経験のある人は、何らかのかたちで対応する技術を持っていることが多くあります。

そういう人が対応する場合は、経験上、持ち上げられるときには、いちおう用心しながら〝慎重《しんちょう》に乗って〟いくようにし、叩かれるときには、まともにそれを受けすぎないように耐えながら、〝上手に受け流していく術〟を学ぶようにはなっていきます。

「最初の一撃」は、なかなか、かわせないことが多いのですが、引き続いて成功の道に入れるかどうかは、これを〝かわせるかどうか〟にかかっています。

ここでかわし切れず、上げられたあとに下げられる攻撃で沈《しず》んでしまった場合には、〝海の底に沈む〟ような感じになりますが、これで本人が挫《くじ》けてしまったならば、もはや、上がってくることはほとんどなく、忘れられて、「過去の人」になっていくでしょう。そういう人は毎年数多く出てきます。

十年前、二十年前、あるいはそれ以前には有名だった方でも、今、人々の記憶《きおく》から消え去っている方はいくらでもいます。「過去の人」になっていくのです。

有名になったものの、そのうち飽《あ》きられて捨てられる場合もありますし、有名にはなったけれども、「実はこんな悪いところがある」「こんな失敗がある」などと言われて叩き落とされ、評判が悪くなり、だんだん出られなくなって消えていく場合もあります。主に、この二つのパターンがあるでしょう。

いずれにしても、「外側からどのように扱《あつか》われるか」は、そのときの空気や時代の雰囲気《ふんいき》など、さまざまなものが影響《えいきょう》することも事実なのですが、「そのなかで、本人がどのように生き渡《わた》っていくか」については、あくまでも本人個人の力による部分が大きいのです。

また、その技術を学ばなければ、成功を続けていくことは、なかなか困難であると感じています。

2 人生を何度でもやり直せる心の持ち方

心のなかの「マイナス要素を引き寄せる磁石」を弱める方法

私自身は、十代から二十代前半ぐらいまでのことを考えると、どちらかといえば、自分が思っているほどには、客観的に現れてくる結果が届かず、満足できなかったり、がっかりしたりするようなことがよくありました。

当時はそれで落ち込《こ》むことも多かったように思うのですが、あるときを境に変わっていき、振《ふ》り返ってみると、「自分が思っていた以上に結果が進んでいた」というようなことが多くなっていったのです。

自分が思っていたよりも進んでいたことに気がつかないままで時間が過ぎ、十年も二十年も三十年もたってから、ふと思えば、「ああ、そうなっていた」ということのほうが多くなってきました。

改めて、これはなぜかと考えてみると、若いころは、実際には些細《ささい》なこと、小さなことに対して傷ついたり、落ち込んだり、気が滅入《めい》ったり、やる気をなくしたりすることがたくさんあるものですが、自分の心のなかにも、マイナスのもの、あるいは、そうした考えを引きつけるような要素があったと思うのです。

自分の心のなかに、マイナスの要素を引き寄せる磁石のようなものを持っていると、毎日のなかで何かマイナスに当たるものが出てきたときに、「やっぱりそうだったか」と自分でそれを引き寄せ、自己確認して、「自分は駄目《だめ》な人間なんだ」と思ってがっかりしたり、落ち込んだりするようなことが多かったと思います。

それが、後々《のちのち》には感じが変わっていくわけですが、どのあたりで変わったのかと考えてみると、次のようなことに気づきました。

結局、自分のことを考える時間が少なくなり、「何か、ほかの人たちのためになることをできないか」「社会のために還元《かんげん》できるようなことは何かないか」というようなことが考えの中心に移ってきたときに、実は、悪いものを引きつける磁石のような力が弱くなっていったのです。

そして、逆に、「今の不利な状況《じょうきょう》のなかから、どうしたら自分が加点できるか。点数を上げられるか。プラスの成果をあげられるようになるか」「いかにして、この悪い条件のなかで戦い、プラスを出せるか」ということを考えるような心の持ち方に、変わっていったのだと思うのです。

これは、ある意味での「悟《さと》りのプロセス」そのものなのかもしれません。

そうした人生論を考えてみるにつけても、私が若いころ、悪いことや悲観的なことを引き寄せる傾向《けいこう》が強かったときには、「環境《かんきょう》のせい、人のせい」といったところに、責任を求める傾向が強かった気はします。これは、本書の第一章でも、すでに説いているとおりです。要するに、「○○のせいでこうなった」という考え方です。

しかし、それが逆転して、リバウンドしようとするような心の傾向になってくると、「何か不利なことが自分を支配した」という考えを受け入れなくなっていった気がするのです。

実際、不利な状況下であっても、誰《だれ》もが同じような結果になるわけではありません。客観的には、それを転じて成功へ持っていく人もいるし、もっと有利な条件があったにもかかわらず、失敗する人もたくさんいます。

したがって、「何かの要素が、自分の成功・失敗を左右した」というような考え方には間違《まちが》いがあります。

そうではなく、「自分に与《あた》えられている要素のなかから、何を成功の補助要因として使い、何をプロテクト（防御《ぼうぎょ》）するか。人生の目標実現を妨《さまた》げるものから、自分自身を護《まも》り切ることができるか」ということです。そういう技術を身につけることが大事であると思います。

「入り口社会」ではなくなった日本で、成功する人のマインド

例えば、大学受験であれば、試験が一通り終わってから合格発表を待つ間には、生きている心地《ここち》がしない方もいらっしゃるでしょう。

しかし、実を言えば、今の日本は人口が減っているので、大学を特に選んだりしなければ、全入制とほとんど変わらず、ほぼ全員が入れるようになっています。そのため、人気のない大学は定員割れを起こす一方で、「上位で人気がある大学へ行きたくて浪人《ろうにん》している」という人もい

るような状況が、実際のところです。

私が受験生のころは、半分近く、四割がたの人が浪人をしていました。一学年当たりの人口は今よりも五十万人ほど多く、大学を増設しないと全員は入れないような状況だったのです。そのため、浪人もけっこう多かったのですが、今は、どこかに入ろうと思えば〝全入〟できる状態にはなっています。

そういう意味で、今、「浪人ができる」というのは、非常に〝セレクトされた状況〟なのです。人口は少なくなっていますが、上を狙《ねら》っている人が浪人をするスタイルになっているかと思います。

そのように、考え方はいろいろありますが、さまざまな人を見てきたかぎり、どう考えても、「受験などというものは、やはり、入り口にしかすぎない」と、つくづく思います。そこで最終的な成功が決まるということはないように思えてしかたがありません。

そのときは合否が分かれて、いい大学や、それに次ぐ大学、それよりもっと下の大学と、いろいろと分かれるのですが、社会人になってから人生が変わっていくこともありますし、大学のなかでもずいぶん変わっていくこともあるのです。学生時代に変わったり、社会人になってから変わっていく人、あるいは、社会人になってからの中年以降、結婚《けっこん》して以降、家族を持って以降などに変わってくる人がたくさんいるのです。

不思議なことですが、これについては、一般《いっぱん》的な法則はなかなか分かりませんし、なぜそうなるのかについても分かりません。

ただ、日本がすでに「入り口社会」ではなくなっていることは事実だと思われます。〝入場券〟さえ買えば、あとは一生安泰《あんたい》に暮らせるような、そういう楽な社会ではなくなっていることは事実です。車検ではありませんけれども、何年かおきに、その資格を点検されるような時代に入っていることは間違いありません。

また、途中《とちゅう》から再チャレンジして、もう一度勉強し直したり、資格を取り直したりと、いろいろなことをして、道が拓《ひら》ける社会に変わっていこうとしていることも間違いないと考えられます。

昔は、「頭さえよければ成功する」と思われていた時代もありました。その考え方は、都市部でさまざまな〝受験技術〟が誕生することで、みながが身につけてきたものではあります。ある程度決まったものについては、「こういうふうにやったほうが、早く受かりやすい」というような対策が立ち、できるようになるわけです。

ただ、だんだんに、それも変わってきつつあるように思うのです。例えば、「未知の事業、新規事業を起こす」といったことになってくると、そうしたハウツーものやノウハウのように、「要領のよいつかみ方」の類《たぐい》は教えられない時代に入ってきています。

そうであるならば、やはり、人の考え方は変わってこなければいけないのではないでしょうか。

3　自分をつくり直す癖《くせ》と技術

「変化速度が速い現代」に成功するには

では、特に、「現代におけるパラダイム、考え方の枠《わく》の大きな変化」とは何でしょうか。

結局、生きている間にも、どんどんと社会の仕組みが変わっていっていますし、生み出される商品も違《ちが》えば、産業も違い、発展していく国も違ってきています。そのように、今、時代が流動しているため、「こうした流れのなかで、いかにして自分を鼓舞《こぶ》し、変化させ続けることができるか」ということが、大きなことになりつつあるように思うのです。ある意味での「進化の速度」が非常に速くなっているわけです。

例えば、映画一つを取っても、一九九〇年代ごろの映画をＤＶＤで観《み》ると、気になるところがそうとうあります。ＣＧ技術が発達した今の映画と比べると、ものすごく幼稚《ようち》な感じに見えるのです。

さらに、一九六〇年代ごろのものになると、もはや、観ることもかなり苦しい状況《じょうきょう》です。一例を挙げれば、「火星人だ」と称《しょう》するものが〝ピコピコしたもの〟を付けて出てくるところなど、学芸会にしか見えないのです。当時の人には、いかにも本物の火星人に見えたのかもしれませんが、今観れば、学芸会のお芝居《しばい》ぐらいにしか見えません。

今は、もっと本物らしいものをつくっています。実際に存在もしないものを、本当にあるかのようにつくれる時代に入っているわけです。

このように、いろいろなものが変化していっており、「成功」の定義も変化しているとは思うのです。

「次の仕込《しこ》み」で「何度でも自分をつくり直す癖《くせ》」を

とにかく、時代はどんどん変化しているので、みなさんには、「川の途中《とちゅう》にある岩場に辿《たど》り着き、そこに登ったからといって、それで安心していたら駄目《だめ》ですよ」ということは述べておきたいのです。

人生そのものが長くなり、〝終着駅〟までが長くなってきている状況のなかでは、本当に、よほど心してかからなければいけません。「人生六十年だ」と思って生きていたら、実はもっともっと長く、あとに大変な時代が待っていることがあります。今から、もう少し、〝延長戦〟まで考えておく必要があるのです。

「野球は九回までだ。九回さえ投げ切れればいい」と思って投げていたら、「延長戦になって十八回まであった」というようなこともあるわけで、これでは肩《かた》が壊《こわ》れてしまいます。いちおう、そのくらいの体力も計算しておかないといけないわけです。

そういう意味で、人生の前半には、自分の職業を決めるような何かを勉強するのでしょうけれども、中盤戦《ちゅうばんせん》からあとは、壮年期《そうねんき》から中年期、熟年期、それから晩年期を生き延びていくための「次の仕込《しこ》み」にかかっていかないと、なかなかうまくいかないところがあると思うのです。

これは、なかなかつらいことです。昔取った杵柄《きねづか》で、過去に身につけたものでずっと行きたいところではあるものの、残念ながら、二十歳《はたち》前後の若いころに身につけた学力・能力等で、その後、六十年、七十年、八十年と生き続けるというのは、簡単なことではないと知ってほしいのです。

若い人の場合、最初は、まず何かで道を拓《ひら》かなければしかたがないので、自分が専門とするところ、「強み」のところで一生懸命《いっしょうけんめい》に勉強し、他人《ひと》より少しでもいいものをつくったり、提供できたり、サービスできたりすることによって、評価されるようにするのは大事なことです。しかし、途中から変化が出てくるため、「何度でも自分をつくり直す癖」

をつけなければいけません。

「勉強というものは、若い時代だけで終わる」と思っている学校のシステムや先生がたの考え方では、ここがなかなか超《こ》えられないところです。

「実社会に出てから、もう一度、勉強し直さなければいけない」というのは、実につらいことではありますが、やはり、勉強し直した人には、し直しただけのものが出てきます。若いころと比べれば、早い遅《おそ》いの差はあるかもしれませんが、それでも、「取り組んだ分だけ、少しずつ少しずつ何かが違ってくる面はある」ということを知っておいてほしいのです。

難解な英語テキストで学んでいる八十代の母

例えば、年を取ったら、ボケないように、いろいろなことを勉強することもそれに当たるでしょう。計算をしたり、英語などの語学をしたりと、いろいろな勉強をすることがあるかもしれません。ただ、それを口で言うのは簡単ですが、実際にやってのけるのは大変なことです。

先般《せんぱん》、私の三男（大川裕太《ゆうた》）が四国にいる私の母のところへ行ったところ、母は私のつくった英語テキストに取り組んでいたそうです。

帰ってきた三男が、「四国のお祖母《ばあ》ちゃんが『黒帯英語』（宗教法人幸福の科学刊）をやっている」と言ったので、「ええっ、それは嘘《うそ》でしょう。

いくら何でも、八十代の人には難しすぎて、できるはずがない。あの年代で『黒帯英語』は無理でしょう」と驚《おどろ》きました。

この『黒帯英語』シリーズは、昇段試験をやると、ネイティブスピーカーでも、六十点から七十点も取れれば喜ぶぐらいの内容のものなのです。英検一級程度の人であれば、十点や二十点しか取れません。当会の職員にもテストを受けさせていますが、三十点も取れたら万々歳《ばんばんざい》で、英語圏《けん》の大学を卒業している人でも解けないほどのレベルなのです。

それで、「そんなはずはない」と思い、改めて訊《き》いたところ、「いや、『英語を読んでいる』とは言っていない。日本語を読んでいるのだ」と言うので（笑）、それで理解ができました。要するに、テキストのなかの日本語の部分を、一生懸命、読んでいるらしいのです。

それでも偉《えら》いことです。確かに、『黒帯英語』には英字新聞の記事等と共に日本語訳も出ているため、現代ただいまのトピックス、テーマになっているところを読むことにもなります。これも、勉強と言えば勉強でしょう。英語であろうが日本語であろうが、情報としては同じなので、「今、こういうことが問題になっている」ということを日本語で読んでいるわけです。

母が『黒帯英語』を勉強していると聞いて、一瞬《いっしゅん》びっくりし、その後、「ああ、そうか。日本語で読んでいるのか」と分かったわけですが、「それでも大したものだ」と思いました。

やはり、日本語でも難しいはずです。『黒帯英語』では、英字新聞の記事等のなかでも特に大きな問題で、時代が変わっていくことに関係のありそうなところを選んで組んでいるので、日本語でも読み取るのは難しいでしょう。それを読んでいるということに驚きました。

もちろん、私の本もすべて読んでいるらしく、一冊をだいたい二時間程度で読めるそうです。また、●公案《こうあん》も学んでいるそうなのです。

そのように、六十代、七十代、八十代と、母の頭がよくなっていっているような感じがしてしかたがないので、「やはり、努力はするものだな。鍛《きた》えればできるものだ」と思います。

「もう一度、一鍬《ひとくわ》打つ」ような勉強が未来を開く

かく言う私自身、若いころには英語を使って仕事をしていたこともあ

●公案　精舎修行《しょうじゃしゅぎょう》等において悟《さと》りを深めるために参究する問題。

るのですが、はっきり言って、三十年近くブランクがありました。もちろん、その間、まったく勉強しなかったわけではなく、少しずつはしていたのですが、五十歳を過ぎてから勉強し直さなければいけない事態に陥《おちい》ったわけです。

ただ、もう一度勉強し直していくうちに、ある程度できるようになっていき、「五十歳を過ぎてからやり直したといっても、若いころよりできないわけではない」ということは、自分でもよく分かりました。

逆に言えば、「若いころにやった」と思っていても、すでに忘れてしまい、まったく復活しないものもそうとうあります。

今、一つのたとえを出しましたが、とにかく、昔、

2007年、ハワイ巡錫での英語説法“Be Positive”を皮切りに、これまで世界五大陸で英語説法を行い、英語説法・霊言は通算100回を突破。また、『黒帯英語』シリーズ（宗教法人幸福の科学刊）など200冊以上の英語教材を発刊している。（上）英語説法シリーズ　日本語対訳付『Be Positive』（宗教法人幸福の科学刊）。

ちょっと興味・関心があったことのなかで心残りがあるようなものを、もう一度、どこかで復活させ、勉強をし直すあたりから、いわゆる〝学習のリハビリ〟は始まるのだということです。

そして、「多少の関心はあっても、やり残しておいたところ」を掘《ほ》り起こしていくうちに、それが「趣味《しゅみ》のレベル」まで上がっていき、次には、人に対してちょっとした指導ができる「セミプロレベル」になり、年数をもう少し重ねていくと、「プロ」として教えられたり、お金が取れたりするようになることがあるわけです。

そういう意味では、若い時分に全部をマスターすることはできないにせよ、いろいろなものを少しずつかじっておくことが大事であると思います。おそらく、達成できないことが多いでしょうが、達成しないこと自体はよしとしても、「達成しなかった悔《くや》しさ」のようなものは、心のどこかにしまっておいてください。

　そして、人生の過程で、それが必要な時期が近づいたと思ったときに、「つらいけれども、もう一度、畑に出て一鍬打《ひとくわ》つか」というあたりから始めてください。一鍬、二鍬と打って、一畝《ひとうね》を耕したら、次には二列目、三列目というように、順番にできるようになるでしょう。そのように取り組んでいくうちに、だんだん、畑全体を耕せるようになっていくわけです。

　実に根気の要《い》ることではありますが、この単純な単純な一鍬一鍬を打ち続けていく作業をすることが、あなたの人生観を広げ、あなたの弱点を長所に変え、あなたの苦手《にがて》分野を狭《せま》くし、強みを広げ、あなたの会社の弱いところを強いものに変え、未来への希望がなかったものに、希望を開いていくようになるのです。

4　「己《おのれ》の実力」と「困難・障害の大きさ」を客観視する

『もしドラ』を読むだけではマネジメントが分からない理由

世の中には、今やっている仕事、あるいは会社経営全体について、実はヒントになるものが溢《あふ》れています。ほかの会社なり、ほかの人たちなりが実体験していたり、技術を持っていたり、勉強をしていたり、話していたりすることは、すでにたくさんあるのです。

それを手に入れることができれば、みなさまがたは、あっという間に、その人に近いところまで行くことができるにもかかわらず、その一鍬《ひとくわ》一鍬を掘《ほ》る作業を怠《おこた》ったために、そこまで行かないことがあります。

例えば、大学で経営を教えることもありますが、本当は、「大学生では経営は分からない」というのが実際のところです。

以前、『もしドラ』（『もし高校野球の女子マネージャーがドラッカーの「マネジメント」を読んだら』〔ダイヤモンド社刊〕）という本がずいぶん流行《はや》りましたが、ドラッカーの著作の翻訳《ほんやく》をしたある先生は、「野球部のマネージャーが読んでも、絶対、あのようにマネジメントはできません」と断言されていました。これは、実際に会社経営をした人の実感としては、おっしゃるとおりでしょう。

マネジメントというのは、単にチームワークをよくする程度のレベルの問題ではないので、もう少し実体験しなければ分かりません。実際に人を雇《やと》って経営するような段になって、やっと分かってくる面がたくさんあるわけです。

三十年以上前は、「八人目の職員に給料を払《はら》えるか」で悩《なや》んでいた

私も、「若いころ、教団を始めた時期の悩《なや》み事はいったい何だっただろうか」と振《ふ》り返ってみると、例えば、八人目の職員を雇おうとしたときに、「その人に二十万円の給料が払《はら》えるかどうか」ということを、飛行機に乗って移動する途中《とちゅう》、テーブルを出して計算していたのを覚えています。

「この人に月二十万円払ったら年このくらいになるが、それで払えるだろうか。本当に潰《つぶ》れないだろうか」という計算をしていたのです。最初はアルバイトで済ませていたので、月二十万円ぐらいから、いよいよ本雇いとなりますが、「そんなに給料を出して潰れないか。大丈夫《だいじょうぶ》か」と考えていたわけです。

今から考えれば、杞憂《きゆう》にしかすぎないレベルの問題ですが、「自分の能力をそこまで低く見ていた」と言えるかもしれませんし、「慎重《しんちょう》だった」という考えもあるでしょう。

今、幸福の科学グループの職員数は、だいたい二千人に近づいていきます。海外の支部でも本格的に人を採用し始めたら、もっともっと大きくなっていくはずです。その私が、八人目の職員を雇うときに、二十万円払えるかどうかを自分で計算し、「うーん、うーん」とうなっていたわけです。

というのも、第1章でも述べたように、当会が潰れたらいけないので、ついその直近までは自分にも給料を払っていないぐらい〝ケチ〟だったのです。潰れたときにいつでも〝店〟をたためるように、自分に対しても払っていなかったほどです。貯金がもつまでは我慢《がまん》するつもりでやっていて、ようやく給料を払い始めるようになったという状況《じょうきょう》でした。

今では二千七百回以上も説法《せっぽう》をして二千三百冊以上も本を出していますが（二〇一八年三月時点）、当時は、「もし、話ができなくなったらどうするか。本が書けなくなったらどうするか」などと思っていたのです。

「次の話ができなかったらどうしよう」「次の講演会で話ができなかっ

たらどうしよう。そのときに人が来なかったらどうしよう」「講演会のたびに、だんだん人が減っていったらどうしよう」「みんなが怒《おこ》り始めたらどうしよう」「返本ばかりになったらどうしよう」「もう書くことがなくなったらどうしよう」と、三十年前にはそんなことを心配していました。

著書のテーマは宗教をはじめ、政治、経済、教育、科学、芸能など、さまざまな分野にわたり、発刊点数は全世界で2300書を超える（2018年3月時点）。

障害や困難を過大評価する危険性

そのころ、私は自分を元気づけるために、アメリカの光明《こうみょう》思想家で、西海岸でキリスト教系の光明思想の本を数多く書いているロバート・シュラーという先生の本を読んでいました。

『逆境をはねかえせ』『幸福への戦略』など、そのころに読んだものを今、読み返してみると、章の間の白い部分に、私のメモが何やらたくさん書いてありました。これは何かと思ったら、「×年×月……」というように、「〇年ごろに、このくらいになっていたらいいな」という目標が書かれていたのです。

それを見ると、最初に読んだのが「一九八七年」になっていて、その当時、私は二十五冊ほど著書を書いていたころだと思いますが、そこには、「一九九六年までに、本の目標二百冊」と書いてありました。

ところが、実際にはそんな先ではなく、一九九一年の時点で私の著書は百五十冊を突破《とっぱ》したのです。

また、教団の収入もごく手堅《てがた》く計算していて、実際よりもはるかに小さい数で書いてあり、「あれ？　こんなものだったのかな」と思いました。

このように、「現在ただいまの自分の基準」に照らして安全に考えると、非常に低い数字で考えることがあるのです。

したがって、天狗《てんぐ》になってはいけませんが、自分を過小評価してもいけません。過小評価することの危険性を知る必要があります。

また、周りを過大評価することも危険です。自分の能力を過小評価しすぎることは危険ですが、自分に向かってくる障害や、邪魔《じゃま》をするもの、困難なものについて過大評価することも危険なのだということです。

5 「一日一生《いちにちいっしょう》」の生き方にすべてがかかってくる

「今日一日をどう輝《かがや》かせるか」という「時間戦略」に集中する

そのようなわけで、大きな計画も結構ですし、年次計画でも、五年計画でも十年計画でも結構ですが、考えても考えても結論が出ないようなことであれば、それについてあまり考えすぎるよりも、むしろ、その時間をずっと短くしていき、もっと「時間戦略」に集中したほうがよいでしょう。

「あなたの持っている資源は『時間』しかないのだ」と考えてください。

経営資源としては、自分の「知能」「学力」「家柄《いえがら》」「家の財産」「きょうだい」「親」「学校」「工場」など、さまざまなものがあると思います。

ただ、そういうものを脇《わき》に置いて、「経営資源としての時間」について考え直してみると、「一日二十四時間しかない」という点ではみな同じく平等なので、これを、どのようにしてうまく使いこなすかということになります。

もし、現在が最低の立場であるならば、その立場からどこまで好転させることができるか、ここに考え方を集中していくことです。

自分の持っている時間について、一週間、十日、一年と考えるのが難しいようであれば、一日でも構いません。今日一日でもよいので、「今日一日、持っている時間のなかで、どの部分を輝かせられるか」ということに集中するのです。

毎日毎日、これ以外のことは考えなくても構いません。十年計画や二十年計画を立てても、結果的には大きく外れてしまって、役に立たないこともたくさんあります。そうした計画について、どうしても考えられないのであれば、「時間戦略」のところに集中し、その中身をよくすることです。

「今日で寿命《じゅみょう》が終わるなら、どう生きるか」と自《みずか》らに問う

言葉を換《か》えて、もっと宗教的に述べるとするならば、「あなたの命が今日で終わると考えてください。今日で終わると考えたら、あなたは今日一日をどう過ごしますか」ということになるかもしれません。このようなことも考えられるでしょう。いかがでしょうか。

「あなたの命が、今日一日しかないとしましょう。残り時間はあとわずかです。夜の十二時までは、もう少ししかありません。十二時になったら、シンデレラが召使《めしつか》いの女の子に変わるというわけではありませんが、今日一日で終わるとしたら、あとは何をしますか」というように考

えると、かなり絞《しぼ》り込《こ》まれてきます。

一日一日の時間は一時間ずつ減っていきますが、結局、「今日一日、何をしますか」「今日死ぬとしたら、どうしますか」という、この連続なのです。

ですから、「体が健康である」ということは幸福のもとです。健康で仕事ができているというのは、とても幸福なことなのです。

例えば、「自分の学歴が不足している」「持っているお金が少ない」「親から譲《ゆず》られたものが少ない」「会社の将来性が少ない」など、いろいろな言い方はあるでしょう。

ただ、「今日一日を使って、あなたは何ができるか」というテーマに対し、自分自身が答えるとするならば、それについては、完全にあなた自身の問題であり、ほかの人がどうであろうと関係ありません。会社も環境《かんきょう》も関係ないのです。これについては、政府がどういう判断をしようが、まったく関係はありません。「今日、あなたがするかどうか」にかかっています。「あなたは、今日、何をするか」を考えなければいけないわけです。

たとえ、あなたが今日乗った飛行機が墜《お》ちるとしても、人間、「海面に着くまではこの本を読み続ける」といった気概《きがい》というものがなければいけません。やはり、「死ぬ間際《まぎわ》まで、何か少しでも、仏弟子《ぶつでし》らしいことをしながら死んでいきたい」という心掛《こころが》けを持ちたいものです。

恐怖《きょうふ》でパニックになり、ギャアギャア言いながら死にたくはありません。そんなときにこそ、「みなさん、今こそ天上界《てんじょうかい》に心を合わせて、見《み》事《ごと》、主のもとに参りましょう」と言えるぐらいのリーダーになってほしい気がします。

三年以内に人生が大きく変わる「驚異《きょうい》のリバウンド法」

冗談《じょうだん》めかして極端《きょくたん》なことも述べましたが、とにかく、「あなたの命が今日一日しかない」とすれば、それは、何かしら悪いことが起こることを意味するわけですが、それでも、「少なくとも、今日一日については、後悔《こうかい》はなかった」という一日をつくってください。

そして、それを毎日続けていくことです。「十日続けられた」「一カ月続けられた」「一年続けられた」「三年続けられた」というように続けられたときに、振《ふ》り返ってみたら、どうなっているでしょうか。

「三年前の今日、考えて悩《なや》んでも解決がつかず、自分としては、『もうどうにもならない。どうしようもない』と思っていた。『頭も悪く、環境も悪く、意気地《いくじ》もなく、性格も悪く、顔も悪く、女の子にもてず、もうどうしようもない。死んだほうがいい』と思っていたような自分が、『毎日毎日を全力で輝かせよう』と決意し、この三年間を生きてきて、ふと振り返ってみたら、まったく違《ちが》う地平に立っていた」と気づくはずなのです。

〝ボケて〟いた自分であっても、〝ボケ〟が治ってシャープになっているかもしれません。場合によっては、いつの間にか「先生」と仰《あお》がれるような立場に立っていることもありえます。そういうものなのです。

このように、「リバウンドの方法」については幾《いく》つかの切り口がありますけれども、絞り込んで述べるとするならば、やはり、宗教的に言っておきたいと思います。

「今日一日であなたの寿命が終わるとして、そのときに、あなたは何をしますか」。これを毎日問うてください。

毎日これを問うて、一年、二年、三年、五年、十年と続けていけば、おそらく三年以内に、あなたの人生は大きく変わります。絶対に変わります。

毎日毎日、「今日一日で終わりかもしれない」と思いながら、「この一日を無駄《むだ》に使わずに、何とかして、神様仏様、世間《せけん》の人々のために使いたい」という気持ち、あるいは、「できるだけ、自分の持っている力をすべて使い切りたい」という気持ちで生きていけば、三年たったら、まったくの別人になります。

みなさんにとって、「競争しても絶対に勝てない」と思っているような人や、「はるか先を行っている」と思うような人が、いつの間にか自分の〝射程〟のなかに入っていたり、追い越《こ》していたりすることもあって、全然ライバルではなくなっているようなことがあります。こういう積み重ねなのです。

「この一日をいかに黄金色に輝《かがや》かせるか」が日々の勝負

私も、「本を二千三百冊以上出した」「二千七百回以上の講演をした」

などと言っていますが、実は、基本的に目標などは立てていません。毎回、「次の一冊」のことを考えています。「次の一冊を何にするか」ということしか考えていません。

「『次の一冊』をよい本にして、みなさんのためになるものを出したい。まだ世の中にないものを出したい」と思い、毎回毎回、〝この一冊〟に勝負をかけているのです。

また、講演にしても、「何か、人のためになることが一つでも言えたらいいな」という気持ちで一回一回を重ねているだけで、「〇百回できました」「〇千回できました」といったことを目標にしているわけではありません。明日《あした》の命があるかどうかも分からないのですから、「その日その日が勝負」なのです。

どうか、みなさんも「一日一生《いちにちいっしょう》」で、原点に戻《もど》ってください。

「今日一日しかないとして、あなたはどう生きますか」という問いを忘れず、毎日毎日、それを持ち続けたら、一年でそうとう変わりますし、三年たったら、〝まったく別の人間〟になっています。そうすれば、今、あなたが悔《くや》しく思ったり、劣等《れっとう》感を持ったり、挫折《ざせつ》感を持ったりしている気持ちは、すべて吹《ふ》き飛んでしまいます。

それは、「この一日をいかに黄金色に輝《かがや》かせるか」という、この一点に、すべてかかっているのです。

以上が、「驚異《きょうい》のリバウンド力」という法話《ほうわ》です。

CHECKPOINT

第2章「驚異《きょうい》のリバウンド力」

- [ ] 些細《ささい》なことに落ち込《こ》む自分を変えるには、「ほかの人のためになることをできないか」「不利な状況《じょうきょう》のなかで、いかにプラスの成果をあげるか」という心の持ち方が大事。

- [ ] 受験は入り口にすぎない。流動する時代のなかでは、いかにして自分を鼓舞《こぶ》し、変化させ続けられるかが大事になる。

- [ ] 昔、興味・関心があったもので心残りがあるものを勉強し直す。その単純な一鍬一鍬《ひとくわひとくわ》を打ち続けることが、未来への希望を開く。

- [ ] 自分を過小評価することは危険である。同時に、自分に向かってくる障害や困難を過大評価することも危険である。

- [ ] 「今日一日で寿命《じゅみょう》が終わるとして、あなたは何をしますか」。毎日毎日、この問いを持ち続ければ、3年以内に、あなたはまったくの別人になる。

あとがき

幸福の科学は正直な宗教である。経済的に豊かになる本を出せば、世間の人々が眉《まゆ》をひそめるかもしれず、マスコミからも「タタイてやろうか」と思われるものなのに、正直に堂々とその原理を説いている。というのも、お金もうけを第一目標にせず、正直に、自己形成や他人のために尽くすことを考えて、一日一生《いちにちいっしょう》のつもりで生きていると、他の人々が押し上げてくれて、いつのまにか成功することを知っているからである。お金など、成功の残りカスなのである。

言いかえれば、豊かさを創《つく》り出すのは「心の法則」である。他人をだますのではなく、正直であることが、信用の基礎であり、ビジネスの発展原理でもあるのだ。何度でもリバウンドしてこれる心の強さをこそ鍛え上げ、練り上げるべきなのだ。

二〇一八年　三月二十三日

幸福《こうふく》の科学《かがく》グループ創始者兼総裁《そうししゃけんそうさい》　大川隆法《おおかわりゅうほう》

『心が豊かになる法則』　大川隆法著作関連書籍

『太陽の法』（幸福の科学出版刊）
『成功の法』（同右）
『忍耐の法』（同右）
『エイジレス成功法』（同右）

※左記は書店では取り扱っておりません。最寄りの精舎・支部・拠点までお問い合わせください。
『心の指針　第七集　幸福のしっぽ』（宗教法人幸福の科学刊）
『黒帯英語』シリーズ（同右）
『Be Positive』（同右）

心《こころ》が豊《ゆた》かになる法則《ほうそく》

2018年4月5日　初版第1刷
2018年4月27日　　　第2刷

著　者　　大《おお》　川《かわ》　隆《りゅう》　法《ほう》

発行所　　幸福の科学出版株式会社
〒107-0052 東京都港区赤坂2丁目10番14号
TEL(03)5573-7700
http://www.irhpress.co.jp/

印刷・製本　株式会社 堀内印刷所

落丁・乱丁本はおとりかえいたします

ISBN978-4-86395-991-0 C0030
カバー写真：Yellowj/shutterstock ／ Oksana Kuzmina/shutterstock ／ Utekhina Anna/shutterstock ／ sergofot/PIXTA ／ Feaspb/shutterstock

大川隆法ベストセラーズ・仕事能力を高めるヒント

仕事ができるとはどういうことなのか

無駄仕事をやめ、「目に見える成果」を出す。一人ひとりが「経営者の目」を持つ秘訣や「嫌われる勇気」の意外な落とし穴など、発展する智慧が満載!

1,500円

サバイバルする社員の条件

リストラされない幸福の防波堤

能力だけでは生き残れない。不況の時代にリストラされないためのサバイバル術が語られる。この一冊が、リストラからあなたを守る!

1,400円

不況に打ち克つ仕事法

リストラ予備軍への警告

仕事に対する基本的な精神態度から、ビジネス論・経営論の本質まで。才能を開花させ、時代を勝ち抜くための一書。

2,200円

大川隆法 霊言シリーズ・富をもたらす自助の精神

幸田露伴かく語りき

スピリチュアル時代の＜努力論＞

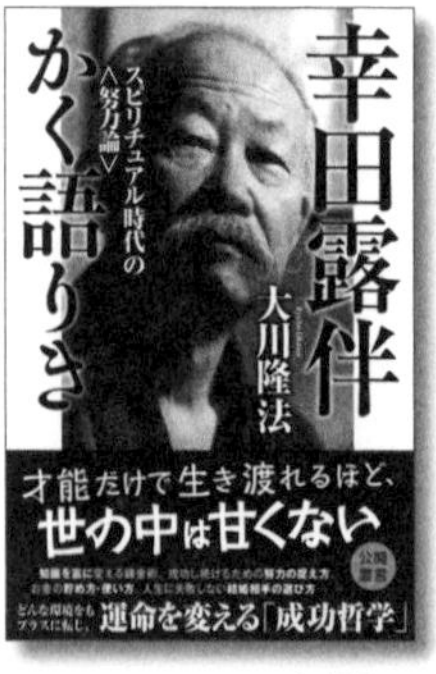

努力で破れない運命などない！ 電信技手から転身し、一世を風靡した明治の文豪が語る、どんな環境をもプラスに転じる「成功哲学」とは。

1,400円

石田梅岩の庶民繁栄術

弱者救済への幸福論

国民に優しい国家は、国民を幸福にしない!? 江戸時代の心学者・石田梅岩が、現代人の精神的甘えを正し、自助努力に基づく繁栄精神を伝授する。

1,400円

人間にとって幸福とは何か

本多静六博士 スピリチュアル講義

「努力する過程こそ、本当は楽しい」さまざまな逆境を乗り越え、億万長者になった本多静六博士が現代人に贈る、新たな努力論、成功論、幸福論。

1,500円

※表示価格は本体価格（税別）です。

大川隆法シリーズ・**最新刊**

文在寅守護霊 vs. 金正恩守護霊

南北対話の本心を読む

南北首脳会談で北朝鮮は非核化されるのか？　南北統一、対日米戦略など、対話路線で世界を欺く両首脳の本心とは。外交戦略を見直すための警鐘の一冊。

1,400円

知られざる天才作曲家 水澤有一 「神秘の音楽」を語る

古代文明の旋律、霊界の調べ、邪気を祓う"結界"音楽――。幸福の科学の音楽を手がける天才作曲家が、現代芸術の常識を覆す、五感を超えた音楽論を語る。

1,400円

教育者の条件

人を育てる７つのポイント

大川隆法　大川直樹　共著

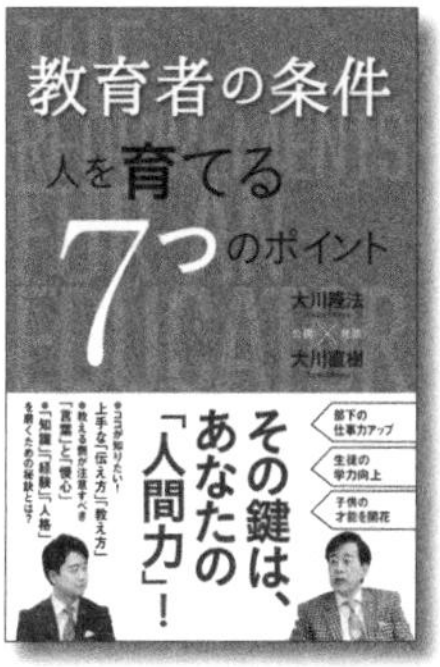

仕事の成功論をベースにした新しい教育論。学校で、職場で、家庭で、多くの人に感化を与え続ける秘訣について、豊富な具体例をもとに語り合った一冊。

1,500円

5月12日(土)ロードショー

saraba-saredo.jp

幸福の科学グループのご案内

宗教、教育、政治、出版などの活動を通じて、地球的ユートピアの実現を目指しています。

幸福の科学

一九八六年に立宗。信仰の対象は、地球系霊団の最高大霊、主エル・カンターレ。世界百カ国以上の国々に信者を持ち、全人類救済という尊い使命のもと、信者は、「愛」と「悟り」と「ユートピア建設」の教えの実践、伝道に励んでいます。

（二〇一八年四月現在）

愛

幸福の科学の「愛」とは、与える愛です。これは、仏教の慈悲《じひ》や布施《ふせ》の精神と同じことです。信者は、仏法真理をお伝えすることを通して、多くの方に幸福な人生を送っていただくための活動に励んでいます。

悟り

「悟り」とは、自らが仏の子であることを知るということです。教学《きょうがく》や精神統一によって心を磨き、智慧《ちえ》を得て悩みを解決すると共に、天使・菩薩《ぼさつ》の境地を目指し、より多くの人を救える力を身につけていきます。

ユートピア建設

私たち人間は、地上に理想世界を建設するという尊い使命を持って生まれてきています。社会の悪を押しとどめ、善を推し進めるために、信者はさまざまな活動に積極的に参加しています。

国内外の世界で貧困や災害、心の病で苦しんでいる人々に対しては、現地メンバーや支援団体と連携して、物心両面にわたり、あらゆる手段で手を差し伸べています。

年間約３万人の自殺者を減らすため、全国各地で街頭キャンペーンを展開しています。

公式サイト **www.withyou-hs.net**

ヘレン・ケラーを理想として活動する、ハンディキャップを持つ方とボランティアの会です。視聴覚障害者、肢体不自由な方々に仏法真理を学んでいただくための、さまざまなサポートをしています。

公式サイト **www.helen-hs.net**

入会のご案内

幸福の科学では、大川隆法総裁が説く仏法真理《ぶっぽうしんり》をもとに、「どうすれば幸福になれるのか、また、他の人を幸福にできるのか」を学び、実践しています。

入会

仏法真理を学んでみたい方へ

大川隆法総裁の教えを信じ、学ぼうとする方なら、どなたでも入会できます。入会された方には、『入会版「正心法語」』が授与されます。

ネット入会 入会ご希望の方はネットからも入会できます。
happy-science.jp/joinus

三帰《さんき》誓願《せいがん》

信仰をさらに深めたい方へ

仏弟子としてさらに信仰を深めたい方は、仏《ぶっ》・法《ぽう》・僧《そう》の三宝《さんぽう》への帰依を誓う「三帰誓願式」を受けることができます。三帰誓願者には、『仏説・正心法語《しょうしんほうご》』『祈願文《きがんもん》①』『祈願文②』『エル・カンターレへの祈り』が授与されます。

幸福の科学 サービスセンター
TEL 03-5793-1727 （受付時間／火～金：10～20時 土・日祝：10～18時）

幸福の科学 公式サイト
happy-science.jp

教育

HSU ハッピー・サイエンス・ユニバーシティ
Happy Science University

ハッピー・サイエンス・ユニバーシティとは

ハッピー・サイエンス・ユニバーシティ(HSU)は、大川隆法総裁が設立された「現代の松下村塾」であり、「日本発の本格私学」です。建学の精神として「幸福の探究と新文明の創造」を掲げ、チャレンジ精神にあふれ、新時代を切り拓く人材の輩出を目指します。

学部のご案内

人間幸福学部

人間学を学び、新時代を切り拓くリーダーとなる

経営成功学部

企業や国家の繁栄を実現する、起業家精神あふれる人材となる

未来産業学部

新文明の源流を創造するチャレンジャーとなる

HSU長生キャンパス
〒299-4325
千葉県長生郡長生村一松丙 4427-1
TEL 0475-32-7770

未来創造学部

時代を変え、未来を創る主役となる

政治家やジャーナリスト、ライター、俳優・タレントなどのスター、映画監督・脚本家などのクリエーター人材を育てます。4年制と短期特進課程があります。

・4年制
1年次は長生キャンパスで授業を行い、2年次以降は東京キャンパスで授業を行います。

・短期特進課程(2年制)
1年次・2年次ともに東京キャンパスで授業を行います。

HSU未来創造・東京キャンパス
〒136-0076
東京都江東区南砂2-6-5
TEL 03-3699-7707

学校法人
幸福の科学学園

学校法人　幸福の科学学園は、幸福の科学の教育理念のもとにつくられた教育機関です。人間にとって最も大切な宗教教育の導入を通じて精神性を高めながら、ユートピア建設に貢献する人材輩出を目指しています。

幸福の科学学園

中学校・高等学校（那須本校）
2010年4月開校・栃木県那須郡（男女共学・全寮制）
TEL **0287-75-7777**
公式サイト **happy-science.ac.jp**

関西中学校・高等学校（関西校）
2013年4月開校・滋賀県大津市（男女共学・寮及び通学）
TEL **077-573-7774**
公式サイト **kansai.happy-science.ac.jp**

仏法真理塾「サクセスNo.1」 TEL **03-5750-0747**（東京本校）

小・中・高校生が、信仰教育を基礎にしながら、「勉強も『心の修行』」と考えて学んでいます。

不登校児支援スクール「ネバー・マインド」 TEL **03-5750-1741**
心の面からのアプローチを重視して、不登校の子供たちを支援しています。
また、障害児支援の「**ユー・アー・エンゼル！」運動**も行っています。

エンゼルプランV TEL **03-5750-0757**
幼少時からの心の教育を大切にして、信仰をベースにした幼児教育を行っています。

シニア・プラン21 TEL **03-6384-0778**
希望に満ちた生涯現役人生のために、年齢を問わず、多くの方が学んでいます。

NPO 活動支援

ブログ **blog.mamoro.org**

学校からのいじめ追放を目指し、さまざまな社会提言をしています。また、各地でのシンポジウムや学校への啓発ポスター掲示等に取り組む一般財団法人「いじめから子供を守ろうネットワーク」を支援しています。

公式サイト **mamoro.org**
相談窓口 **TEL.03-5719-2170**

幸福の科学出版

出版メディア事業

大川隆法総裁の仏法真理の書を中心に、ビジネス、自己啓発、小説など、さまざまなジャンルの書籍・雑誌を出版しています。 他にも、映画事業、文学・学術発展のための振興事業、テレビ・ラジオ番組の提供など、幸福の科学文化を広げる事業を行っています。

アー・ユー・ハッピー？
are-you-happy.com

ザ・リバティ
the-liberty.com

幸福の科学出版
TEL **03-5573-7700**
公式サイト **irhpress.co.jp**

THE FACT

ザ・ファクト
マスコミが報道しない「事実」を世界に伝えるネット・オピニオン番組

Youtubeにて随時好評配信中！

ザ・ファクト　検索

芸能文化事業

NEW STAR PRODUCTION

ニュースター・プロダクション

「新時代の“美しさ”」を創造する芸能プロダクションです。2016年3月に映画「天使に“アイム・ファイン”」を、2017年5月には映画「君のまなざし」を公開しています。

公式サイト **newstarpro.co.jp**

ARI Production

ARI《アリ》 Production《プロダクション》

タレント一人ひとりの個性や魅力を引き出し、「新時代を創造するエンターテインメント」をコンセプトに、世の中に精神的価値のある作品を提供していく芸能プロダクションです。

公式サイト **aripro.co.jp**